Clélia Pagani de Souza
Marinês Battisti

## Deus é vida

Coleção Caminhando com Deus

Ensino Fundamental
Volume 1

Coleção CAMINHANDO COM DEUS
IMPRIMATUR
Concedido em 18/11/2011

Dom Anuar Battisti
Arcebispo de Maringá

É terminantemente proibido reproduzir este livro total ou parcialmente por qualquer meio químico, mecânico ou outro sistema, seja qual for a sua natureza. Todo o desenho gráfico foi criado exclusivamente para este livro, ficando proibida a reprodução do mesmo, ainda que seja mencionada sua procedência.

Dados para catalogação
Bibliotecária responsável: Luciane Magalhães Melo Novinski
CRB 1253/9 – Curitiba, PR.

Souza, Clélia Pagani de

Caminhando com Deus: Deus é vida, volume 1 / Clélia Pagani de Souza, Marinês Battisti; ilustrações: Cide Gomes – Curitiba : Base Editorial, 2011.
88p. : il. ;  28 cm.  – (Coleção Caminhando com Deus; v.1)

ISBN: 978-85-7905-872-1

1. Ensino religioso – Estudo e ensino. 2. Ensino Fundamental. I. Battisti, Marinês. II. Título. III. Série.

CDD (20ª ed.) 268

**Coordenação editorial** Jorge Martins
**Coordenação pedagógica** Eloiza Jaguelte Silva
**Projeto gráfico e capa** Cide Gomes
**Revisão** Lucy Myrian Chá
**Iconografia** Osmarina F. Tosta e Belquís Ribeiro Drabik
**Finalização** Solange Freitas de Melo

**Base Editorial Ltda.**
Rua Antônio Martin de Araújo, 343 – Jardim Botânico
CEP 80210-050 – Curitiba/PR
Tel.: 41 3264-4114 – Fax: 41 3264-8471
baseeditora@baseeditora.com.br – www.baseeditora.com.br

Gráfica Trust - Fevereiro de 2024

# AMIGO

JESUS CONTOU MUITAS HISTÓRIAS E TODAS ELAS FORAM PARA ENSINAR LIÇÕES DE COMO VIVER SEUS ENSINAMENTOS.

FOI PENSANDO NISSO QUE ESCREVEMOS PARA VOCÊ, PARA QUE JUNTOS PUDÉSSEMOS FAZER NOVAS DESCOBERTAS SOBRE O AMOR DE DEUS POR NÓS E POR TUDO O QUE ELE CRIOU.

AGORA É A SUA VEZ DE FAZER DESCOBERTAS! ESPERAMOS QUE ELAS AJUDEM VOCÊ A SER CADA VEZ MAIS AMIGO DE JESUS.

COM CARINHO

As autoras

# SUMÁRIO

**PARTILHANDO O VIVER** — 5
1ª REFLEXÃO: CADA UM COM SEU JEITO — 6
2ª REFLEXÃO: COM MEUS AMIGOS EU CRESÇO — 11
3ª REFLEXÃO: EU TE CHAMO PELO NOME — 14
4ª REFLEXÃO: TEMOS TANTO PARA AGRADECER — 17

**APRENDENDO A AMAR** — 20
1ª REFLEXÃO: O UNIVERSO FEITO POR DEUS — 21
2ª REFLEXÃO: RESPEITAR A NATUREZA — 26
3ª REFLEXÃO: A VIDA – PRESENTE DE DEUS — 30
4ª REFLEXÃO: É BOM CRESCER JUNTOS — 32
5ª REFLEXÃO: UNIDOS PELA DIFERENÇA — 35

**JESUS FALA AO CORAÇÃO** — 37
1ª REFLEXÃO: SABER AMAR — 38
2ª REFLEXÃO: JESUS ENSINA A PERDOAR — 41
3ª REFLEXÃO: JESUS – EXEMPLO DE VIDA — 45
4ª REFLEXÃO: JESUS – LUZ DO MUNDO — 49
5ª REFLEXÃO: A ORAÇÃO NOS FORTALECE — 52

**JESUS NOS CONVIDA A CRESCER** — 55
1ª REFLEXÃO: BÍBLIA – O LIVRO DA VIDA — 56
2ª REFLEXÃO: JESUS – O BOM PASTOR — 60
3ª REFLEXÃO: EU SOU A VIDEIRA E VÓS OS RAMOS — 63
4ª REFLEXÃO: APRENDENDO A PARTILHAR — 67

**MEMÓRIAS QUE FAZEM CRESCER** — 71
1ª MEMÓRIA: CAMPANHA DA FRATERNIDADE — 72
2ª MEMÓRIA: PÁSCOA /RESSURREIÇÃO — 74
3ª MEMÓRIA: DIA DAS MÃES — 77
4ª MEMÓRIA: DIA DOS PAIS — 81
5ª MEMÓRIA: NATAL — 83

**REFERÊNCIAS** — 87

# 1ª REFLEXÃO

# CADA UM COM SEU JEITO

SOMOS DIFERENTES PORQUE CADA UM TEM SEU JEITO DE SER, O QUE DEIXA ESTE MUNDO MAIS BONITO.

SOMOS IGUAIS PORQUE FOMOS CRIADOS POR DEUS E MERECEMOS O MESMO RESPEITO E AMOR.

ESSAS DIFERENÇAS TORNAM AS PESSOAS IMPORTANTES, PORQUE CADA UMA, COM SUA FORMA ESPECIAL DE SER, CONTRIBUI PARA MELHORAR A COMUNIDADE EM QUE VIVE.

**OBRIGADO, SENHOR! POR TUDO O QUE EU POSSO FAZER.**

OBSERVE AS FIGURAS.
VOCÊ IRÁ USÁ-LAS NA PÁGINA SEGUINTE.

**VIVA A DIFERENÇA!**

ESTE É O PÁTIO DA ESCOLA. AQUI BRINCAM MUITAS CRIANÇAS COM CARACTERÍSTICAS DIFERENTES. USE AS FIGURAS DA PÁGINA ANTERIOR E DISTRIBUA AS CRIANÇAS NO PÁTIO NAS BRINCADEIRAS, DE FORMA QUE NINGUÉM FIQUE ISOLADO.

NA RODA DE CONVERSA EXPLIQUE COMO VOCÊ FEZ PARA QUE TODOS FOSSEM VALORIZADOS EM SUAS DIFERENÇAS.

**AS DIFERENÇAS ENRIQUECEM A COMUNIDADE.**

AJUDE AS CRIANÇAS A SE ENCONTRAREM E FAZEREM NOVAS AMIZADES.

PINTE O CAMINHO.

## COM MEUS AMIGOS EU CRESÇO

NINGUÉM VIVE SOZINHO. TODOS PRECISAM DE AMIGOS; COM ELES APRENDEMOS E FAZEMOS NOVAS DESCOBERTAS.

NOSSOS PRIMEIROS AMIGOS SÃO NOSSOS PAIS, NOSSA FAMÍLIA. DEPOIS, AMPLIAMOS AS AMIZADES, O QUE NOS AJUDA A SERMOS FELIZES. A BÍBLIA NOS ENSINA QUE: "UM AMIGO FIEL É UMA PODEROSA PROTEÇÃO. QUEM ENCONTROU DESCOBRIU UM TESOURO." (ECLESIÁSTICO 6,14)

**SENHOR, OBRIGADO PELOS AMIGOS QUE ME AJUDAM A CRESCER.**

VAMOS DESCOBRIR O TESOURO?

PERCEBER QUE CADA COLEGA É UM TESOURO E, ASSIM, DEVE SER VALORIZADO.

COLOCAR CRACHÁS COM O NOME DE CADA CRIANÇA NUMA CAIXA BEM ENFEITADA PARA PRESENTE.

NA RODA DE CONVERSA, A CAIXA VAI PASSANDO E CADA CRIANÇA TIRA UM CRACHÁ.

COM A AJUDA DO PROFESSOR, LER O NOME E DIRIGIR-SE AO DONO DO CRACHÁ, DANDO-LHE UM ABRAÇO E DIZENDO: ................., "VOCÊ É UM TESOURO PARA MIM."

PINTE O TESOURO:

DESENHE VOCÊ EM COMPANHIA DE SEUS COLEGAS, FAZENDO DESCOBERTAS NA BRINCADEIRA DO TESOURO.

**É BOM TER AMIGOS**

## EU TE CHAMO PELO NOME

O NOME É MUITO IMPORTANTE PARA CADA UM DE NÓS. ELE É A NOSSA IDENTIDADE.

JESUS NOS AMA E NOS CONHECE PELO NOME, SABE TUDO DE NÓS E QUER QUE VIVAMOS FELIZES.

QUANDO PRONUNCIAMOS O NOME JESUS, NOS VEM A IMAGEM E O RESPEITO POR ELE.

O NOME LEMBRA A PESSOA E ISTO É MUITO IMPORTANTE.

A BÍBLIA DIZ: "NO VENTRE DE TUA MÃE, EU JÁ TE CONHECIA E TE CHAMAVA PELO NOME." (ISAÍAS 49-1)

**SENHOR, COMO É BOM SABER QUE TU ME AMAS E ME CONHECES.**

É BOM CRESCER JUNTOS!

AGORA, ESCREVA O SEU NOME:

VAMOS BRINCAR DE CONHECER O OUTRO?

MATERIAL: UM BRINQUEDO.

SENTADO EM CÍRCULO, O PROFESSOR INICIA COM O BRINQUEDO NAS MÃOS, DIZENDO SEU NOME E DO QUE MAIS GOSTA. EXEMPLO:

– MEU NOME É .............., E EU GOSTO DE LER GIBI.

EM SEGUIDA, PASSA O BRINQUEDO PARA OUTRA CRIANÇA. QUEM RECEBER, FARÁ A MESMA COISA E PASSARÁ PARA OUTRA CRIANÇA, ATÉ QUE TODOS TENHAM SE APRESENTADO DIZENDO O NOME E O QUE MAIS GOSTA. NÃO É NECESSÁRIO QUE SIGA A ORDEM DO CÍRCULO. CADA CRIANÇA PASSA O BRINQUEDO PARA QUEM QUISER, MAS PODE RECEBER O BRINQUEDO SOMENTE UMA VEZ.

DURANTE A DINÂMICA É IMPORTANTE QUE O PROFESSOR ANOTE OS GOSTOS DE CADA CRIANÇA PARA ORIENTAR A DISCUSSÃO FINAL.

- PERCEBER A DIFERENÇA DOS NOMES.
- PERCEBER A DIFERENÇA DOS GOSTOS.
- QUANTAS CRIANÇAS GOSTAM DAS MESMAS COISAS QUE VOCÊ?
- COMO SERIA SE TODOS TIVESSEM O MESMO NOME E GOSTASSEM DAS MESMAS COISAS?
- CONCLUA PINTANDO O DESENHO.

## 4ª REFLEXÃO

## TEMOS TANTO PARA AGRADECER

QUEM CRÊ EM DEUS NÃO SE CANSA DE AGRADECER POR TUDO O QUE RECEBE DIARIAMENTE E ELEVA PRECES DE GRATIDÃO TODOS OS DIAS.

VIVE FELIZ E PLENAMENTE CONTENTE, POR SABER QUE TEM ALGUÉM QUE OLHA POR ELE E O AMA.

A ESSE DEUS, ONTEM, HOJE E SEMPRE, ETERNA GRATIDÃO.

VAMOS AGRADECER:

- A VIDA
- A NATUREZA
- A FAMÍLIA
- OS AMIGOS

O QUE MAIS PODEMOS AGRADECER?

VOCÊ E SUA FAMÍLIA COSTUMAM AGRADECER A DEUS PELO QUE ACONTECE EM SUAS VIDAS? COMO VOCÊS FAZEM ISTO?

DEMONSTRE NESTE ESPAÇO DA FORMA QUE ACHAR MELHOR.

## VAMOS CANTAR?

É A GENTE QUE LOUVA O SENHOR
É A GENTE QUE LOUVA O SENHOR
É A GENTE QUE TEM A FÉ
E QUE TEM AMOR E QUE LOUVA O SENHOR.
É A GENTE QUE LOUVA O SENHOR,
É A GENTE QUE LOUVA O SENHOR,
É A GENTE QUE TEM FÉ E QUE TEM
AMOR E QUE LOUVA O SENHOR.
É MÃO PRA CIMA, É MÃO PRA BAIXO.
DANÇANDO DE LADO A LADO
É A GENTE QUE LOUVA O SENHOR...
DANDO UMA VOLTA, BATENDO PALMAS
DANÇANDO DE LADO A LADO
É A GENTE QUE LOUVA O SENHOR...
BATENDO OS PÉS E DANDO PULO
DANÇANDO DE LADO A LADO
É A GENTE QUE LOUVA O SENHOR.

Pequenos cantores do Santuário Santa Edwiges, 1998.
**CD Sementinha 3** – Faixa 01 – Paulinas/COMEP

**Sugestão de leitura**

**A ABELHA ABELHUDA**
HELIANA BARRIGA
Ed. FTD

# APRENDENDO A AMAR

## 1ª REFLEXÃO

## O UNIVERSO FEITO POR DEUS

DEUS CRIOU O UNIVERSO COM HARMONIA.

ELE PENSOU EM TUDO, DEU VIDA A TUDO, PARA QUE O HOMEM PUDESSE VIVER FELIZ. TUDO COMO PRESENTE, GRATUIDADE DE DEUS.

A ELE PERTENCE A GRANDEZA DA TERRA.

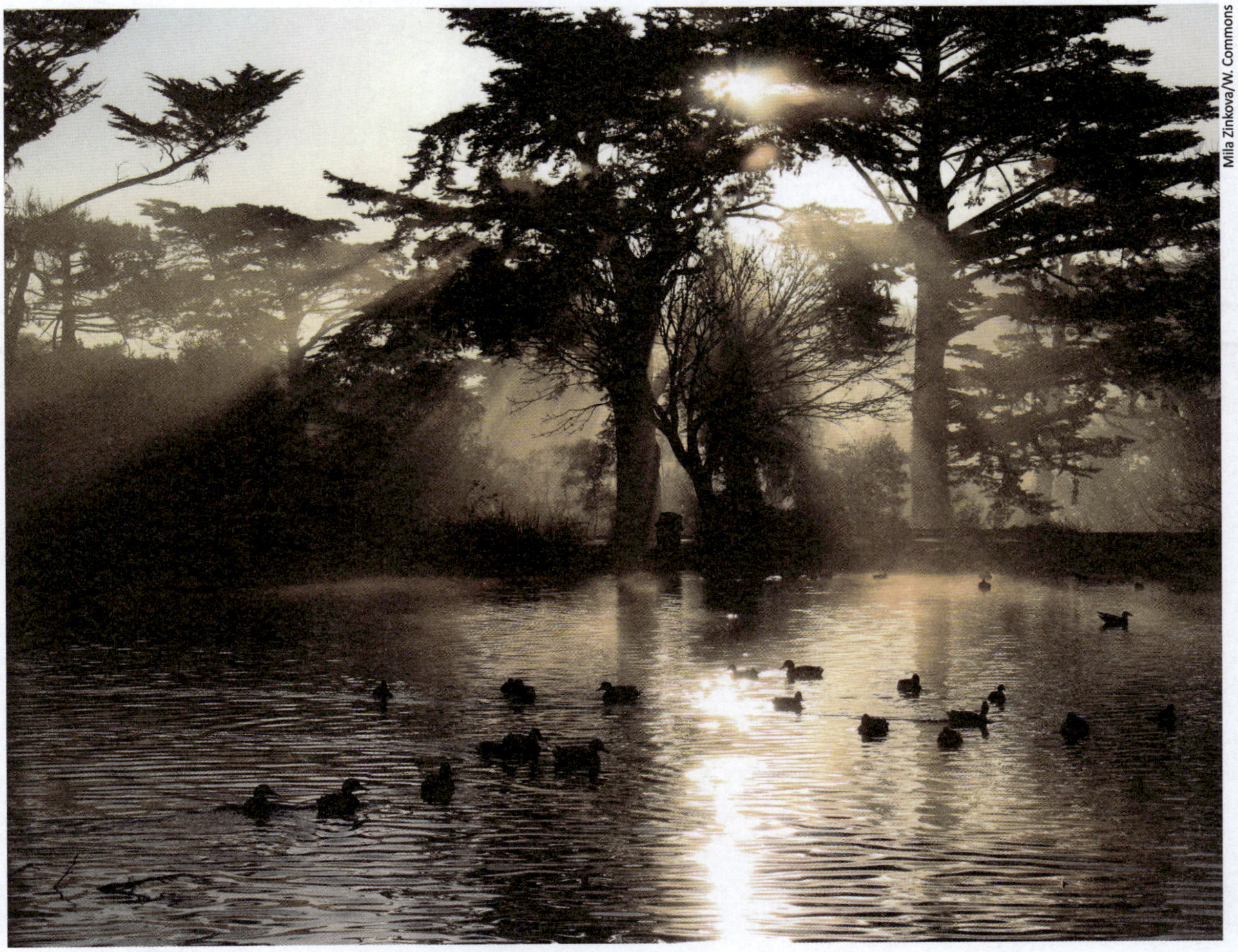

**OBRIGADO, SENHOR, POR ESTE UNIVERSO MARAVILHOSO!**

O SER HUMANO UTILIZA A NATUREZA PARA REALIZAR SUAS DESCOBERTAS.

**DESENHE AQUI AS COISAS CRIADAS POR DEUS.**

**E AQUI AS COISAS CRIADAS PELOS HOMENS.**

**NESTE UNIVERSO MARAVILHOSO DESENHE VOCÊ, COLE BOLINHAS DE PAPEL NA ÁRVORE, DEIXANDO ESTA CENA MUITO MAIS BONITA.**

**COMO DEUS É MARAVILHOSO!**

NO UNIVERSO DE DEUS A TERRA É O BERÇO DA VIDA PARA AS PLANTAS.

**DESENHE AQUI PLANTAS QUE PRODUZAM FLORES.**

**E AQUI PLANTAS QUE PRODUZAM FRUTOS.**

# RESPEITAR A NATUREZA

A NATUREZA É PERFEITA E VIVE EM EQUILÍBRIO. ENTRETANTO, AS PESSOAS A TEM AGREDIDO MUITO, POLUINDO OS RIOS, MATANDO OS ANIMAIS, DESTRUINDO PLANTAS E ÁRVORES. COM ISTO A VIDA HUMANA TAMBÉM ESTÁ AMEAÇADA.

O GRANDE APELO É PRESERVAR O QUE DEUS CRIOU COM TANTO AMOR.

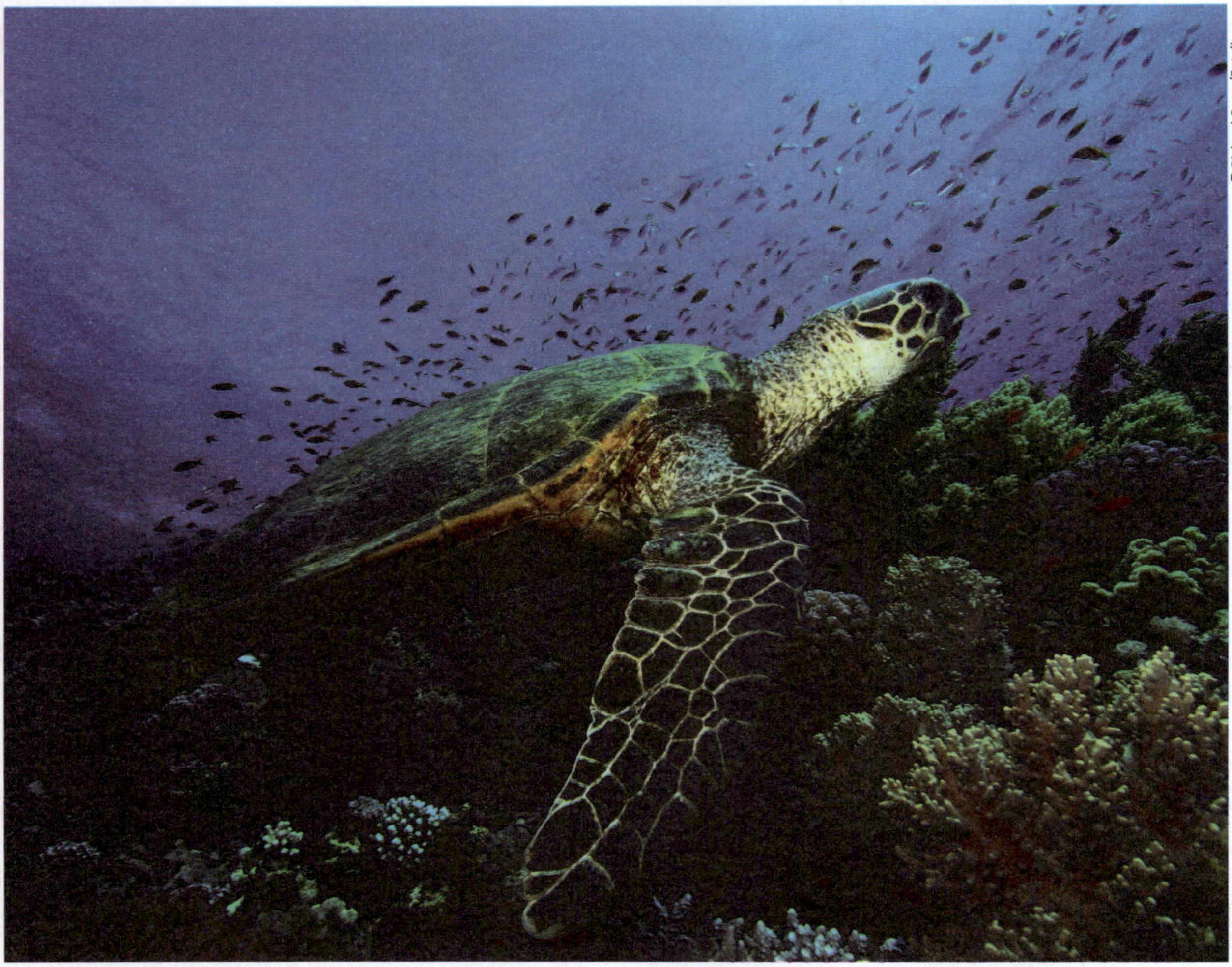

"LOUVEM O NOME DO SENHOR PORQUE ELE MANDOU E TUDO FOI CRIADO." SL. 148, 5

**VAMOS COLOCAR SIM PARA AS CENAS QUE PRESERVAM A NATUREZA E NÃO PARA AS CENAS EM QUE ELA ESTÁ SENDO AGREDIDA. DEPOIS PINTE.**

# ÁRVORE TRISTE

UMA ÁRVORE TÃO GRANDE,
ENCONTREI LÁ NO JARDIM
SÓ QUE ELA ERA TÃO TRISTE E
CANTAVA SÓ ASSIM:

SOU UMA ÁRVORE TÃO VELHA,
NINGUÉM GOSTA DE MIM.
JÁ DEI SOMBRA, JÁ DEI FRUTOS,
MENINO, OLHA PARA MIM.

NÃO CHORE AMIGUINHA,
VOU SEMPRE VOLTAR.
VOCÊ NÃO ESTÁ SOZINHA,
PARA DE CHORAR.

VAMOS DEIXAR ESTA ÁRVORE BEM ALEGRE?

CD **"O mundo encantado da pré-escola"** – Zélia Barros Moraes. – Ed. Paulinas.

**DESENHE O MEIO AMBIENTE COMO VOCÊ GOSTARIA DE VER.**

# A VIDA – PRESENTE DE DEUS

A VIDA É O MAIOR PRESENTE QUE DEUS NOS DEU.

TODOS OS DIAS DEVEMOS AGRADECER PELA NOSSA EXISTÊNCIA, PELA NOSSA INTELIGÊNCIA, PELO NOSSO CORPO, NOSSOS AMIGOS, NOSSAS ALEGRIAS, POR TUDO O QUE ACONTECE CONOSCO.

NEM SEMPRE GOSTAMOS DE TUDO O QUE NOS ACONTECE. ÀS VEZES FICAMOS TRISTES E CHATEADOS, MAS DEUS NOS DEU INTELIGÊNCIA, VONTADE E FÉ PARA SUPERAR AS DIFICULDADES DE CADA DIA.

CABE A NÓS FAZER COM QUE A VIDA FIQUE CADA VEZ MAIS BONITA!

PARTILHE NA RODA DE CONVERSA:

• ALGUMA VEZ ACONTECEU ALGO COM VOCÊ QUE NÃO TENHA GOSTADO? COMO VOCÊ RESOLVEU ISTO?

PODEMOS PROMOVER A VIDA DE VÁRIAS FORMAS. BASEADO NAS IMAGENS ABAIXO REPRESENTE, COM UM DESENHO, DE QUE MODO VOCÊ PODE PRESERVAR A VIDA.

# 4ª REFLEXÃO

# É BOM CRESCER JUNTOS

É GOSTOSO FAZER NOVAS DESCOBERTAS.

MELHOR AINDA É DESCOBRI-LAS JUNTOS!

COMO É BOM CRESCER JUNTOS E SABER PARTILHAR O AMOR POR MEIO DE PALAVRAS, GESTOS E ATITUDES.

QUEM AMA É FELIZ E LEVA FELICIDADE A TODOS.

**SENHOR, COMO É BOM VIVERMOS UNIDOS!**

## A TEIA DA AMIZADE

Crianças sentadas em círculo.
O professor segura a ponta de um rolo de barbante, joga o rolo para uma criança que está mais distante e diz uma qualidade dela.
A criança que pegou o rolo segura a ponta e joga para a outra dizendo uma qualidade dela. assim segue a brincadeira até que todos tenham pego uma ponta do barbante.
Conversar com as crianças sobre:
• O que significa aquela teia?
• O que aconteceria se alguém soltasse o fio?
• Qual a relação desta brincadeira com o texto "É BOM CRESCER JUNTOS"?

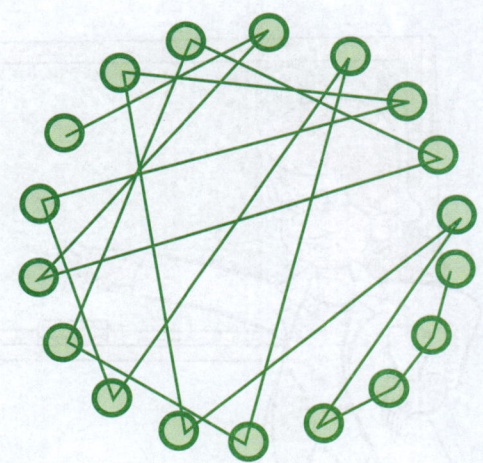

Retirada do livro: **Dinâmica para encontro de jovens** – Ivani de Oliveira Meireles – Ed. Paulinas – adaptado para crianças.

### DESENHE COMO FOI A BRINCADEIRA COM OS COLEGAS:

**TODOS SOMOS IMPORTANTES NA IMENSA TEIA QUE É A VIDA; NINGUÉM PODE OCUPAR O SEU LUGAR.**

CADA UM DESENVOLVE SEU TRABALHO E JUNTOS CRESCEMOS. DESENHE O QUE VOCÊ GOSTA DE FAZER.

## 5ª REFLEXÃO

## UNIDOS PELA DIFERENÇA

AS PESSOAS POSSUEM SEMELHANÇAS, MAS SÃO DIFERENTES UMAS DAS OUTRAS. É ESSA DIFERENÇA QUE FAZ O MUNDO MAIS BONITO.

PARA CADA UM DEUS DEU UM JEITO ESPECIAL DE SER, COM DONS E QUALIDADES. SÓ DEPENDE DE CADA UM DESENVOLVER ESSAS QUALIDADES E COLOCAR-SE À SERVIÇO DOS QUE PRECISAM.

COMO SERIA O MUNDO SE TODOS FOSSEM IGUAIS?

**OBRIGADO, JESUS, PORQUE UNIDOS PELAS DIFERENÇAS PODEMOS DEIXAR ESTE MUNDO MELHOR.**

OBSERVE AS CESTAS COM FRUTAS:
QUAL É A MAIS SAUDÁVEL? MARQUE COM UM **X**

☐ ☐ ☐

ASSIM É NA VIDA EM COMUNIDADE. QUANTO MAIS VARIEDADE DE GOSTOS, DE CARACTERÍSTICAS E DE TALENTOS, MAIS RICA SERÁ A CONVIVÊNCIA HUMANA, DESDE QUE HAJA RESPEITO PELA MANEIRA DE SER DO OUTRO.

| DESENHE O QUE VOCÊ MAIS GOSTA DE FAZER. | PERGUNTE AO SEU COLEGA O QUE ELE MAIS GOSTA DE FAZER E DESENHE. |
|---|---|
|  |  |

O QUE SEU COLEGA DESENHOU É IGUAL AO QUE VOCÊ DESENHOU? PARTILHE SUAS CONCLUSÕES.

**Sugestão de leitura**

**A VIAGEM DA SEMENTINHA**
REGINA SIGUEMOTO
Ed. Paulinas

# JESUS FALA AO CORAÇÃO

**1ª REFLEXÃO**

# SABER AMAR

JESUS ENSINOU QUE O MAIOR MANDAMENTO É O AMOR E QUE DEVEMOS AMAR A TODOS, SEM DISTINÇÃO DE COR, RAÇA OU POSIÇÃO SOCIAL.

É FÁCIL AMAR SOMENTE OS AMIGOS. NOSSO OLHAR DE AMOR PRECISA IR MAIS LONGE.

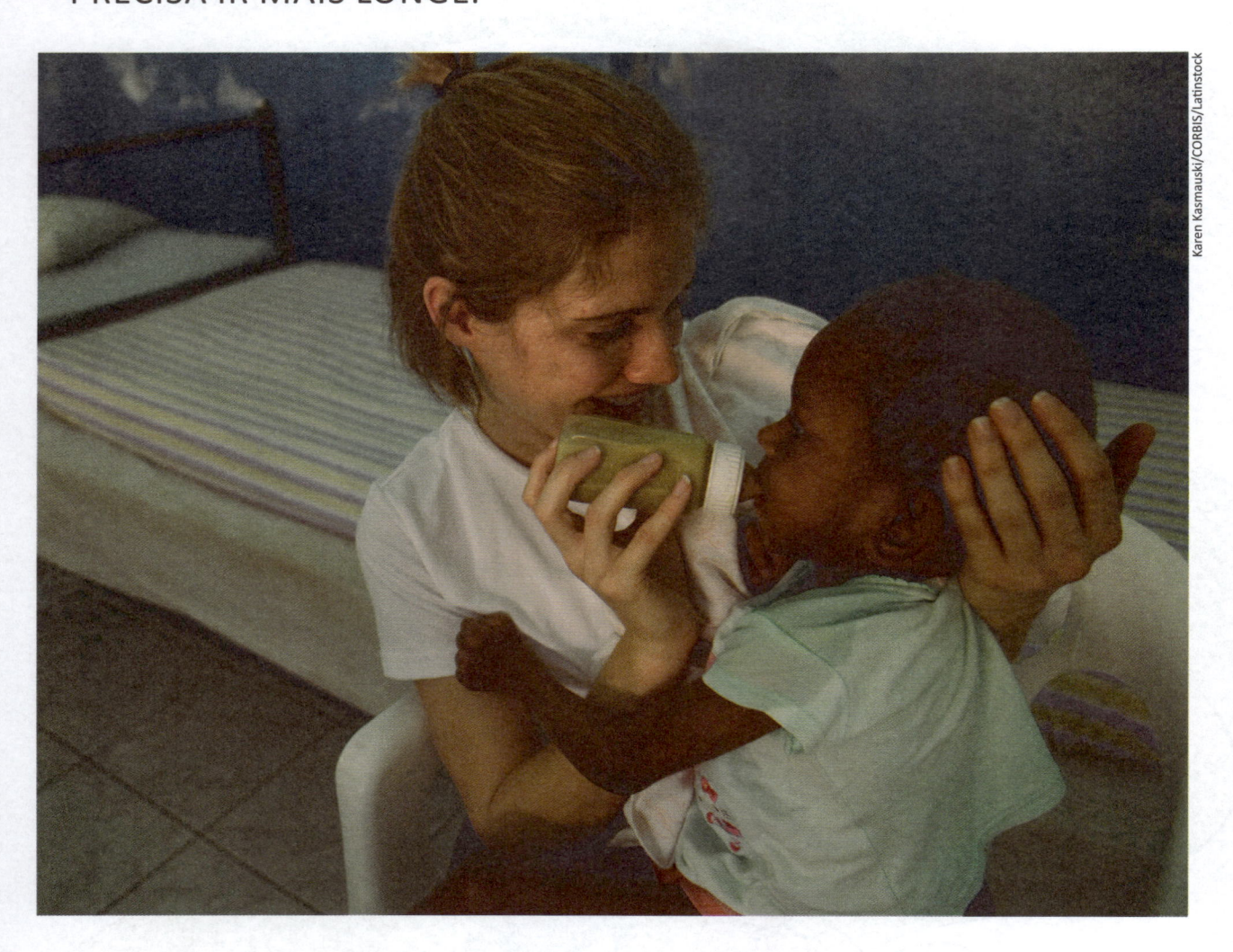

**SENHOR, QUERO VIVER O AMOR CONFORME TEUS ENSINAMENTOS.**

**VAMOS PERCORRER O CAMINHO DA BOA CONVIVÊNCIA!**

AMIZADE
RANCOR
FRATERNIDADE
ÓDIO
AMOR
DESUNIÃO
TRISTEZA
VIDA
PAZ

**COMO É BOM AMAR!**

O SER HUMANO EXISTE PARA SER FELIZ E PARA FAZER OS OUTROS FELIZES.

PINTE AS DEMONSTRAÇÕES DE AMOR.

## 2ª REFLEXÃO

## JESUS ENSINA A PERDOAR

DURANTE A SUA VIDA, JESUS DEIXOU VÁRIAS HISTÓRIAS, NAS QUAIS ELE ENSINA ÀS PESSOAS O PERDÃO.

NA HISTÓRIA DE MADALENA, JESUS ENSINA A SEGUINTE LIÇÃO: "QUEM NÃO TEM PECADO ATIRE A PRIMEIRA PEDRA." (JO. 8, 7.)

JÁ NA HISTÓRIA DO FILHO PRÓDIGO, O PAI PERDOA, ACOLHE O FILHO COM AMOR. LC. 15,32.

POR MEIO DE SUAS HISTÓRIAS, JESUS QUER ENSINAR O PERDÃO, O AMOR, A COMPREENSÃO ENTRE AS PESSOAS.

A BÍBLIA DIZ: "O AMOR É PACIENTE, TUDO CRÊ, TUDO PERDOA." (I COR. 13,7)

**SENHOR, OBRIGADO POR TER NOS PERDOADO TANTO...**

PERDÃO É VIDA!

JESUS QUER ENSINAR O CAMINHO DO PERDÃO!

VAMOS PINTAR NOSSOS PÉS NO CAMINHO DO BEM.

- AMOR
- ÓDIO
- CARINHO
- TRISTEZA
- AMIZADE
- PAZ
- BRIGA

É FELIZ QUEM SABE PERDOAR!
QUE OUTRAS ATITUDES DE PERDÃO NÓS PODEMOS TER?

# ENCONTRE AS PALAVRAS QUE COMBINAM COM PERDÃO:

| Q | W | E | R | T | Y | U | I | O | P | A |
|---|---|---|---|---|---|---|---|---|---|---|
| S | S | D | F | A | M | A | R | G | H | J | K |
| L | Ç | Z | X | C | V | B | N | M | Q | W |
| E | A | C | O | L | H | E | R | R | T | Y |
| U | I | O | O | O | P | A | S | D | F | G |
| H | H | J | K | L | Ç | Z | X | C | V | B |
| A | S | D | F | A | C | E | I | T | A | R |
| Q | W | E | R | T | Y | U | I | O | P | A |
| S | D | F | G | H | J | K | L | Ç | Z | X |
| C | O | M | P | R | E | E | N | D | E | R |
| C | V | B | N | M | Q | W | E | R | T | Y |

**NO MEU CORAÇÃO SÓ TEM LUGAR PARA COISAS BOAS!**

44

**3ª REFLEXÃO**

# JESUS – EXEMPLO DE VIDA

SEM AUTORIA. **Deixai virem a mim as criancinhas**. Cerca de 1840. Óleo sobre tela, 47 cm x65 cm.

JESUS TEVE AMIGOS, SE ALEGROU COM SUAS ALEGRIAS, SE PREOCUPOU COM QUEM SOFRIA, AJUDOU A TODOS. ASSIM ELE DEMONSTRAVA SEU AMOR, SENDO SOLIDÁRIO.

OS ENSINAMENTOS DE JESUS SÃO: PARTILHA, JUSTIÇA, AJUDA, RESPEITO, PERDÃO, ORAÇÃO, AMOR...

QUEM VIVE OS ENSINAMENTOS E OS EXEMPLOS DE JESUS É FELIZ.

> **SENHOR, QUERO VIVER TEUS ENSINAMENTOS E AJUDAR OS OUTROS A VIVÊ-LOS TAMBÉM.**

# VAMOS PINTAR AS CENAS QUE REPRESENTAM AS ATITUDES QUE SÃO ENSINAMENTOS DE JESUS?

A MÚSICA DO PADRE ZEZINHO ILUSTRA BEM A FORMA COMO JESUS VIVEU E ENSINOU OS CRISTÃOS A VIVEREM.

**VAMOS CANTAR?**

**AMAR COMO JESUS AMOU**

Pe. Zezinho

UM DIA UMA CRIANÇA ME PAROU
OLHOU-ME NOS MEUS OLHOS A SORRIR
CANETA E PAPEL NA SUA MÃO
TAREFA ESCOLAR PARA CUMPRIR
E PERGUNTOU NO MEIO DE UM SORRISO
O QUE É PRECISO PARA SER FELIZ?

AMAR COMO JESUS AMOU
SONHAR COMO JESUS SONHOU
PENSAR COMO JESUS PENSOU
VIVER COMO JESUS VIVEU
SENTIR O QUE JESUS SENTIA
SORRIR COMO JESUS SORRIA
E AO CHEGAR AO FIM DO DIA
EU SEI QUE DORMIRIA MUITO MAIS FELIZ.

SENTIR O QUE JESUS SENTIA
SORRIR COMO JESUS SORRIA
E AO CHEGAR AO FIM DO DIA
EU SEI QUE DORMIRIA MUITO MAIS FELIZ.

CD – **Melhores momentos** – Faixa 4 – COMEP – Paulinas.

**COMPLETE A CRUZADINHA COM A RECEITA PARA SER FELIZ:**

1 - SONHAR COMO JESUS ........
2 - AMAR COMO JESUS ........
3 - PENSAR COMO JESUS .........
4 - VIVER COMO JESUS ..........
5 - SENTIR COMO JESUS .........
6 - SORRIR COMO JESUS .........

## 4ª REFLEXÃO

# JESUS – LUZ DO MUNDO

NA BÍBLIA JESUS DIZ: "EU SOU A LUZ DO MUNDO." (Jo.8,12)

E DIZ TAMBÉM: "VÓS SOIS A LUZ DO MUNDO." (Mt.5,13)

TEMOS A MISSÃO DE ILUMINAR O CAMINHO DOS OUTROS.

QUEM É AMIGO DE JESUS SABE SER LUZ PARA ILUMINAR O CAMINHO DE QUEM PASSA EM SUA VIDA.

DE QUE MANEIRA PODEMOS ILUMINAR O CAMINHO DAS PESSOAS QUE CONVIVEM CONOSCO?

PARA DISCUTIR NA RODA DE CONVERSA:
- COMO POSSO SER LUZ NA MINHA FAMÍLIA?
- COMO POSSO SER LUZ NA MINHA ESCOLA?
- COMO POSSO SER LUZ PARA MEUS AMIGOS?

**ILUMINE AS JANELAS DO TRENZINHO COM PALAVRAS DE LUZ:**

## VAMOS CANTAR?

ILUMINA, ILUMINA,
NOSSOS PAIS, NOSSOS FILHOS
E FILHAS!
ILUMINA, ILUMINA,
CADA PASSO DAS NOSSAS
FAMÍLIAS!

(Pe. Zezinho)

**DESENHE OU COLE O QUE VOCÊ PODE FAZER PARA SER LUZ PARA SEUS AMIGOS.**

## 5ª REFLEXÃO

## A ORAÇÃO NOS FORTALECE

A ORAÇÃO É IMPORTANTE NA VIDA DAS PESSOAS. POR MEIO DA ORAÇÃO ELAS SE APROXIMAM DE DEUS E GANHAM FORÇA PARA, CADA VEZ MAIS, VIVER SEUS ENSINAMENTOS.

JESUS DIZ: "VIGIAI E ORAI." ISSO QUER DIZER ESTAR ATENTO, FAZER ORAÇÕES DE LOUVOR, DE AGRADECIMENTO, DE PEDIDO...

CERTO DIA OS AMIGOS DE JESUS PEDIRAM A ELE: ENSINA-NOS A REZAR, E JESUS ENSINOU "PAI-NOSSO QUE ESTAIS NO CÉU...".

**OBRIGADO, SENHOR, POR NOS ENSINAR A ORAR.**

**PINTE AS CRIANÇAS QUE ESTÃO REZANDO E FAÇA UM DESENHO MOSTRANDO COMO VOCÊ REZA COM SUA FAMÍLIA OU SOZINHO.**

TROQUE AS FIGURAS PELAS LETRAS CORRESPONDENTES E DECIFRE A MENSAGEM.

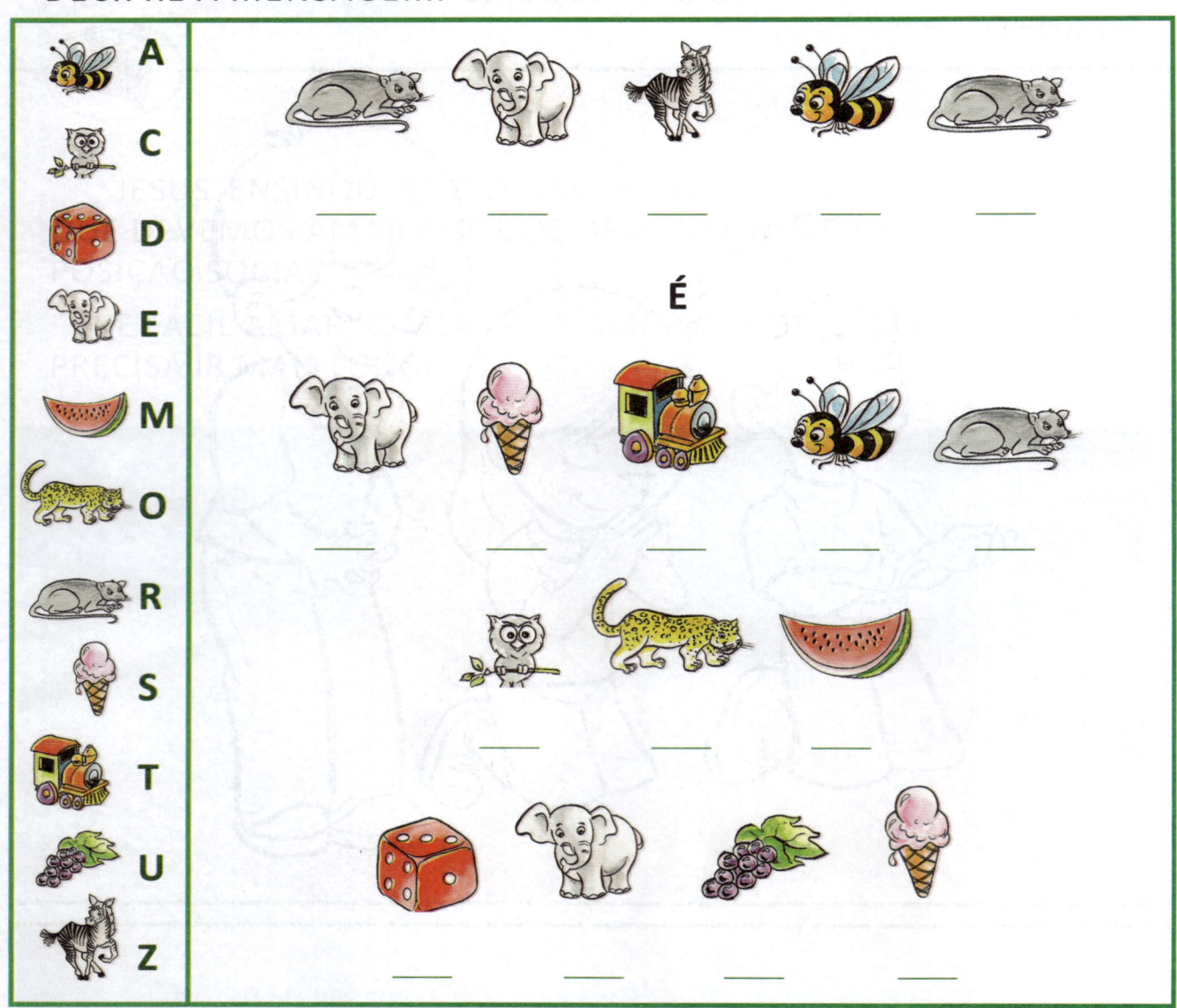

A – abelha
C – coruja
D – dado
E – elefante
M – melancia
O – onça
R – rato
S – sorvete
T – trem
U – uva
Z – zebra

R E Z A R

É

E S T A R

C O M

D E U S

**A MENSAGEM É:**

_____

_____

**Sugestão de leitura**

**O EVANGELHO DE JESUS NARRADO PARA CRIANÇAS**

Ed. Paulinas

# JESUS NOS CONVIDA A CRESCER

# BÍBLIA – O LIVRO DA VIDA

NA BÍBLIA ENCONTRAMOS A PALAVRA DE DEUS, CONHECEMOS A HISTÓRIA DE JESUS E DE SEUS AMIGOS, APRENDEMOS SEUS ENSINAMENTOS POR MEIO DE LINDAS HISTÓRIAS.

A BÍBLIA É O LIVRO DA VIDA PORQUE REVELA O AMOR DE DEUS A CADA UM DE NÓS.

NA BÍBLIA APRENDEMOS COMO VIVER O AMOR, O RESPEITO, A PARTILHA... TUDO O QUE UM AMIGO DE JESUS PODE FAZER.

**SENHOR, TUA PALAVRA É LUZ NO MEU CAMINHO.**

MONTE O QUEBRA-CABEÇA E DESCUBRA A MENSAGEM DO LIVRO SAGRADO.

COLE AQUI SEU QUEBRA-CABEÇA.

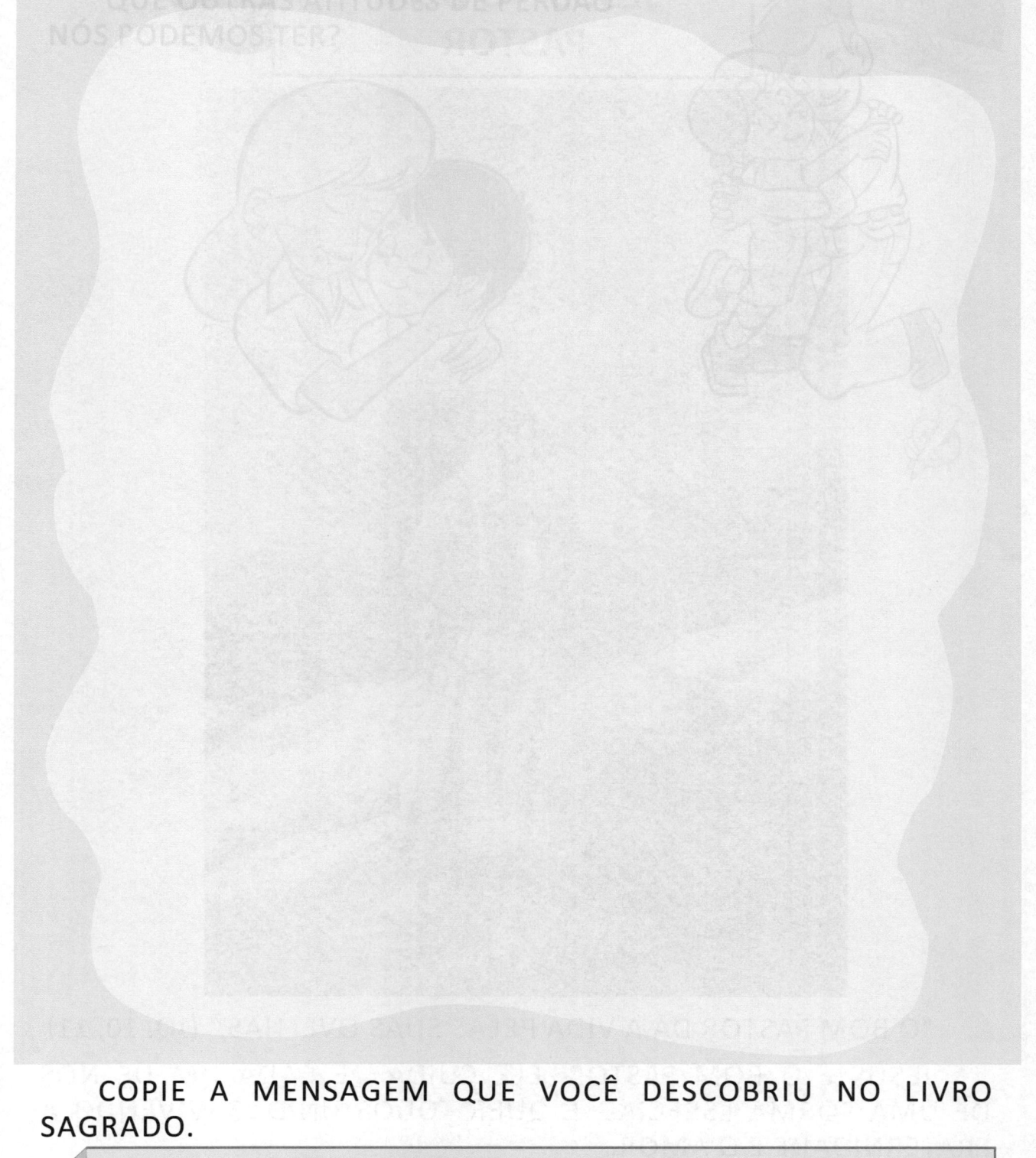

COPIE A MENSAGEM QUE VOCÊ DESCOBRIU NO LIVRO SAGRADO.

## 2ª REFLEXÃO

## JESUS – O BOM PASTOR

"O BOM PASTOR DÁ A VIDA PELAS SUAS OVELHAS." (JO. 10, 11)

JESUS É O BOM PASTOR. ELE CUIDA DE CADA UM DE NÓS DE UMA FORMA ESPECIAL, E QUER TODOS UNIDOS, VIVENDO A FRATERNIDADE E O AMOR.

**O SENHOR É MEU PASTOR, NADA ME FALTARÁ.**

**VAMOS PINTAR AS OVELHAS QUE ESTÃO UNIDAS AO SEU PASTOR E VIVEM SEUS ENSINAMENTOS.**

- AMAM
- BRIGAM
- RESPEITAM
- AJUDAM
- OBEDECEM
- PERDOAM
- ACOLHEM

## VAMOS CANTAR?

### IGUAL A OVELHINHA
(Pe. Zezinho)

A OVELHINHA QUE SE
EXTRAVIOU E SE PERDEU
FOI ENCONTRADA PELO BOM
PASTOR E AGRADECEU
IGUAL ÀQUELA OVELHINHA
ASSIM TAMBÉM SOU EU

A OVELHINHA QUE FUGIU
DO SEU REBANHO SE AFASTOU
MAS O PASTOR NÃO DESISTIU
E A OVELHINHA ENCONTROU
NO OMBRO AMIGO DO PASTOR
AO SEU LUGAR ELA VOLTOU
ESTÁ FELIZ E TEM AMOR
E NUNCA MAIS SE DESGARROU.

CD – **Lá na terra do contrário**
Faixa 17 – COMEP – Paulinas.

### 3ª REFLEXÃO

# EU SOU A VIDEIRA E VÓS OS RAMOS (Jo. 15,1-8)

JESUS É O ALICERCE DA VIDA DO CRISTÃO. QUEM NÃO ESTIVER UNIDO A ELE NÃO PRODUZ OS FRUTOS DE SABEDORIA, DO AMOR, DA FRATERNIDADE, DO RESPEITO, DA JUSTIÇA.

COM JESUS, O CRISTÃO É CAPAZ DE VENCER AS DIFICULDADES. TUDO FICA MAIS HARMONIOSO E O RELACIONAMENTO, MAIS FRATERNO.

**QUERO SER O RAMO QUE ESTÁ SEMPRE UNIDO À VIDEIRA.**

LIGUE A FOLHA COM A UVA DE ACORDO COM O QUE VOCÊ ENTENDE:

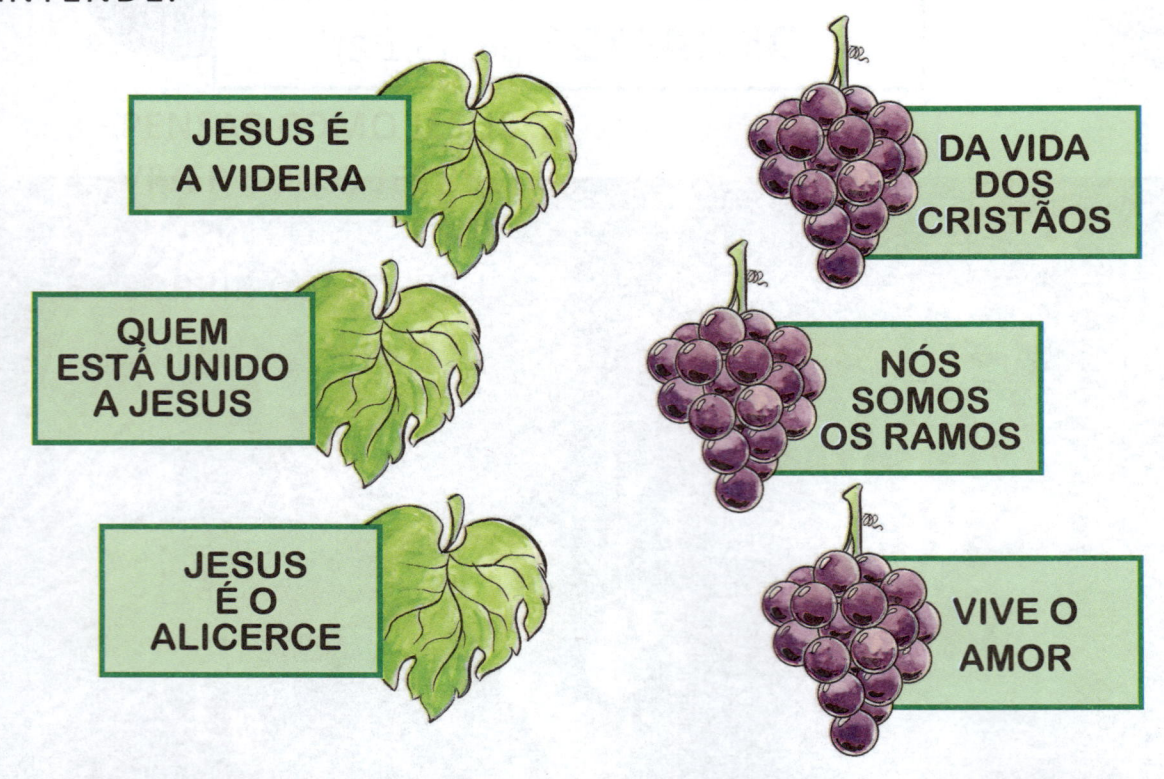

JESUS É A VIDEIRA

DA VIDA DOS CRISTÃOS

QUEM ESTÁ UNIDO A JESUS

NÓS SOMOS OS RAMOS

JESUS É O ALICERCE

VIVE O AMOR

COMPLETE A CRUZADINHA ESCREVENDO AS VOGAIS QUE ESTÃO FALTANDO.

PALAVRAS QUE MOSTRAM QUE O CRISTÃO ESTÁ UNIDO A JESUS.

| J |   | ST |   | ÇA |   |   |   |
|   |   | H  | M |    | L | D | D |
| H |   | R  | M | O  | N |   |   |
|   |   | R  |   | S  | P |   | T |

**MURAL DA VIDEIRA E OS RAMOS:**

CADA CRIANÇA IRÁ ESCREVER, NO CACHO DE UVA, UMA PALAVRA QUE CARACTERIZA O CRISTÃO UNIDO A JESUS. DEPOIS IRÁ PINTAR, RECORTAR E COLAR NO MURAL QUE O PROFESSOR JÁ DEIXOU PREPARADO COM UMA BELA VIDEIRA.

## 4ª REFLEXÃO

# APRENDENDO A PARTILHAR

A PALAVRA DE DEUS ENSINA A PARTILHA E A FRATERNIDADE. FAZER O BEM SEM OLHAR A QUEM.

MUITAS PESSOAS NO MUNDO PRECISAM DE AJUDA PARA VIVER.

PRECISAM DE AMOR.

PRECISAM DE PÃO.

PRECISAM DE CARINHO.

PRECISAM DE ATENÇÃO.

**SÓ UM CORAÇÃO BOM** É CAPAZ DE VIVER A PARTILHA. O PROFETA EZEQUIEL DIZIA: "DÁ-ME SENHOR UM CORAÇÃO BOM, TIRA DO MEU PEITO O CORAÇÃO DE PEDRA E PÕE NELE UM CORAÇÃO DE CARNE, CAPAZ DE AMAR." (EZ. 36,26)

**COMO SERIA BOM SE TODOS TIVESSEM:**

- UM CORAÇÃO QUE SABE ESCUTAR.
- UM CORAÇÃO CAPAZ DE AJUDAR.
- UM CORAÇÃO CAPAZ DE AMAR.
- UM CORAÇÃO CAPAZ DE PERDOAR.

COM A AJUDA DO PROFESSOR, RECORTE E DOBRE OS CORAÇÕES COM AS MENSAGENS PARA DISTRIBUÍ-LAS NA ESCOLA E NA FAMÍLIA.

DEIXE OS CORAÇÕES BEM BONITOS E ALEGRES.

SÓ UM CORAÇÃO BOM É CAPAZ DE PARTILHAR.

SEU CORAÇÃO É ...

SÓ UM CORAÇÃO BOM É CAPAZ DE PARTILHAR.

SEU CORAÇÃO É ...

SÓ UM CORAÇÃO BOM É CAPAZ DE PARTILHAR.

SEU CORAÇÃO É ...

UM CORAÇÃO QUE SABE ESCUTAR?

UM CORAÇÃO QUE SABE AMAR?

UM CORAÇÃO QUE SABE AJUDAR?

# MEMÓRIAS QUE FAZEM CRESCER

## 1ª MEMÓRIA

## CAMPANHA DA FRATERNIDADE

A CAMPANHA DA FRATERNIDADE É UM PERÍODO EM QUE OS CRISTÃOS REFLETEM SOBRE UM TEMA. ISSO ACONTECE PARA QUE AS PESSOAS PENSEM UM POUCO MAIS NOS OUTROS.

NÃO DEVEMOS SÓ FALAR EM FRATERNIDADE. A SOCIEDADE PRECISA DE ATITUDES, DE GESTOS DE SOLIDARIEDADE, DE AJUDA AO OUTRO.

A ESSE GESTO DE AJUDA AOS OUTROS CHAMAMOS DE FRATERNIDADE.

**SENHOR, QUERO SER SOLIDÁRIO COM OS QUE PRECISAM.**

FAÇA UMA BONITA ILUSTRAÇÃO SOBRE A CAMPANHA DA FRATERNIDADE DESTE ANO E MONTE UM MURAL NA SUA SALA COM SEU TRABALHO E DE SEUS COLEGAS.

USE REVISTAS, JORNAIS, PAPEL COLORIDO, FOTOS E FRASES ADEQUADAS.

## 2ª MEMÓRIA

## PÁSCOA RESSURREIÇÃO

BELLINI, Giovanni. **Ressurreição de Cristo**. 1475-79. Óleo sobre tela. 148 cm x 128 cm. Staatliche Museen, Berlin ( Alemanha).

NA PÁSCOA OS CRISTÃOS COMEMORAM A RESSURREIÇÃO DE JESUS.

RESSURREIÇÃO QUER DIZER VIVER DE NOVO, PASSAR DA MORTE PARA A VIDA.

PÁSCOA SIGNIFICA PASSAGEM, DA TRISTEZA PARA A ALEGRIA, DO ÓDIO PARA O AMOR.

**OBRIGADO, SENHOR, PELA SUA RESSURREIÇÃO.**

## VAMOS CONHECER ALGUNS SÍMBOLOS PASCAIS:

**CÍRIO PASCAL:**
GRANDE VELA QUE REPRESENTA A LUZ DE CRISTO.

**OVO:**
SÍMBOLO DE VIDA NOVA, DE VIDA QUE ESTÁ PARA NASCER.

**COELHO:**
É UM DOS PRIMEIROS ANIMAIS QUE SAEM DAS TOCAS AO CHEGAR A PRIMAVERA.

**SINO:**
NO DOMINGO DE PÁSCOA, TOCANDO FESTIVO, OS SINOS ANUNCIAM COM ALEGRIA A CELEBRAÇÃO DA RESSURREIÇÃO DE CRISTO.

**GIRASSOL:**
O GIRASSOL É A FORMA DE MOSTRAR QUE A HUMANIDADE DEVE SEGUIR A LUZ DE DEUS, ASSIM COMO O GIRASSOL SEGUE A LUZ DO SOL.

## VAMOS FAZER UM CÍRCULO NOS SÍMBOLOS DA PÁSCOA DOS CRISTÃOS.

**FESTA DA RESSURREIÇÃO**

## 3ª MEMÓRIA

# DIA DAS MÃES

É UM DIA ESPECIAL DE GRATIDÃO E DE AMOR A QUEM NOS DEDICA TODO CARINHO, NOS ENCHE DE AMOR, NOS AJUDA A **SER** CADA VEZ MELHOR, E SEMPRE QUER NOS VER FELIZES.

MÃE É UM PRESENTE ESPECIAL QUE DEUS NOS DEU, E ESTE PRESENTE NOS DEU A **VIDA**.

> MÃE, OBRIGADO PELA VIDA E QUE JESUS ESTEJA SEMPRE AO SEU LADO.

"QUANDO É PARA FALAR DE MÃE, NÃO IMPORTA O TIPO DE MÃE QUE VOCÊ TEM, NEM QUANTAS MÃES VOCÊ TEM.

AMOR DE MÃE, AMOR DE FILHO, NÃO TEM IGUAL.

AS PESSOAS PASSAM ANOS BUSCANDO AMOR VERDADEIRO, QUANDO ELE ESTÁ ALI DO SEU LADO, O TEMPO TODO.

O VERDADEIRO AMOR É AQUELE QUE EXISTE ENTRE UMA MÃE E UM FILHO. QUER SENTIMENTO MAIS BONITO QUE ESTE?

QUANDO NINGUÉM MAIS ACREDITA EM VOCÊ, LÁ ESTÁ ELA APOIANDO, ANIMANDO, SEMPRE COM AS PALAVRAS CERTAS, NA HORA CERTA. ELA SEMPRE SABE O QUE VOCÊ TEM, NINGUÉM CONHECE VOCÊ MELHOR QUE A SUA MÃE. NÃO EXISTE AMIGA MELHOR QUE ELA, SEMPRE VERDADEIRA E JUSTA.

MÃE É MÃE E, SINCERAMENTE, A MINHA MÃE É A MELHOR DE TODAS AS MÃES! EXISTEM CONFLITOS COMO EM QUALQUER RELACIONAMENTO, MAS É PRATICAMENTE IMPOSSÍVEL UMA MÃE DEIXAR DE PERDOAR UM FILHO. O MELHOR ABRAÇO, O MELHOR CARINHO, O MELHOR CAFUNÉ, É SEMPRE O DE MÃE, NÃO TEM O QUE DISCUTIR. AS MÃES SÃO AS MELHORES PESSOAS QUE DEUS JÁ PÔDE CRIAR.

MÃE, EU TE AMO.

MUITO OBRIGADA POR TUDO!"

*Bruna Juliê Pagani de Souza*

**DOBRAR AQUI**

**DOBRAR AQUI**

# Mãe

*Guardei aqui a surpresa,
o meu segredo profundo!
Você é muito querida,
é a melhor mãe do mundo!
Um beijão!*

## 4ª MEMÓRIA

# DIA DOS PAIS

QUEM É AQUELE QUE ME BEIJA TODO DIA ANTES DE SAIR DE CASA, ARRANHANDO MEU ROSTO COM SUA BARBA MALFEITA, E QUE MUITAS VEZES GOSTARIA DE FICAR EM CASA PARA BRINCAR COMIGO?

EU SEI, PAPAI, VOCÊ É GRANDE DEMAIS PARA MIM, MAS SEU CARINHO E SEU AMOR SÃO TÃO GRANDES QUANTO O SEU TAMANHO.

ÀS VEZES VOCÊ PARECE TÃO SÉRIO E DURÃO, MAS SEI QUE CARREGA NO PEITO UM CORAÇÃO FRÁGIL E CHEIO DE EMOÇÕES.

**OBRIGADO, SENHOR, PELOS PAIS QUE FAZEM TUDO PELO BEM DA FAMÍLIA!**

ESCREVA UMA BONITA MENSAGEM PARA SEU PAI.

**MENSAGEM
PARA O PAPAI**

**PAPAI, VOCÊ É O MAIOR!
MERECE TODO MEU AMOR
E MEU CARINHO!**

## 5ª MEMÓRIA

## NATAL

É A FESTA DO NASCIMENTO DE JESUS, FESTA DA ALEGRIA, DO AMOR.

JESUS VEIO PARA ENSINAR O AMOR, A JUSTIÇA. VEIO TRAZER A PAZ ENTRE OS HOMENS.

QUANDO ELE SAUDAVA SEUS AMIGOS, DIZIA: "A PAZ ESTEJA COM VOCÊS" OU "AMAI-VOS UNS AOS OUTROS."

O NATAL É A FESTA DA UNIÃO DAS FAMÍLIAS E DOS AMIGOS.

**JESUS, QUE ESTE NATAL TRAGA MUITA UNIÃO PARA TODAS AS FAMÍLIAS.**

USE AS FIGURAS DA PÁGINA SEGUINTE E MONTE SEU PRESÉPIO.

PINTE OS DESENHOS ANTES DE RECORTAR E COLAR.

# REFERÊNCIAS

ABC da Bíblia. **A Linguagem Bíblica**. Centro Bíblico de Belo Horizonte. 43 ed. Paulus: Belo Horizonte, 2010.

ARTE DE VIVER. **A Alegria de ser uma pessoa com dignidade**. v.1. Betuel Cano. Paulinas: São Paulo, 2008.

BATCHELOR, Mary; HAYSOM, John. **Bíblia em 365 histórias**. 2.ed. Paulinas: São Paulo, 2011.

BÍBLIA SAGRADA. Tradução da CNBB.

CARMO, Solange Maria do; SILVA. Pe. Orione. **Somos Povo de Deus**. Paulus: São Paulo, 2008.

CNBB. Projeto Nacional de Evangelização. **Iniciação à leitura bíblica**. 1. ed. Brasília, 2009.

CRUZ, Terezinha Motta Lima da. **Ecumenismo**: conteúdo ou catequese? 3.ed. Paulus: São Paulo, 2006.

EQUIPE NACIONAL DA DIMENSÃO BÍBLICO CATEQUÉTICA. **Como nossa Igreja lê a Bíblia**. Catequético. 7. ed. Paulinas: São Paulo, 2010.

FARIA, Dom Paulo Lopes de. **Catecismo da Bíblia**. 27.ed. Paulus: São Paulo, 2008.

GRUEN, Wolfgang. **Pequeno Vocabulário da Bíblia**. 15. ed. Paulus: São Paulo, 2008.

MESTERS, Carlos. **Os Dez Mandamentos, ferramenta da comunidade**. 13. ed. Paulus: São Paulo, 2008.

MACCARI, Natália. **Os símbolos da Páscoa**. 9. ed. Paulinas: São Paulo, 2010.

_____. **Vivendo e convivendo**. 15. ed. Paulinas: São Paulo, 2009.

NASSER, Maria Celina Cabrera. **O uso de símbolos**. Paulinas: São Paulo, 2006

O FENÔMENO RELIGIOSO. **Cadernos Catequéticos Diocesano nº 7**. Diocese de Osasco. 4. Ed. Paulus: São Paulo, 2011.

OLIVEIRA, Ivani; MEIRELES, Mário. **Dinâmica para vivência e partilha**. 3.ed. Paulinas: São Paulo, 2010.

PASSOS, João Décio. **Ensino Religioso**: Construção de uma Proposta. 1. ed. Paulinas: São Paulo, 2010.

*SITES*

*http://www.amop.org.br*
*http://ensinoreligioso.seed.pr.gov.br*
*http://bloguinhodoceu.blogspot.com*
*http://www.cantodapaz.com.br*
*http://www.cancaonova.com.br*
*http://www.portalcatolico.org.br*
*http://www.conic.org.br*